# ज़िन्दगी के अल्फ़ाज़

संजय सिंह चौहान

# क्रम-सूची

# कोई कवि नहीं शायर नहीं

मैं कोई कवि नहीं कोई शायर नहीं
मैं तो अपने अल्फ़ाज़ लिखता हूँ
दिल में दबे हुए ज़ज़्बात लिखता हूँ
प्रेमियों का राग लिखता हूँ
संतो का विश्वास लिखता हूँ
सूरज का प्रकाश लिखता हूँ
चाँद की चाँदनी लिखता हूँ
विंध्य का दान लिखता हूँ
सबका सम्मान लिखता हूँ
मैं कवि नहीं शायर नहीं
मैं तो अपने अल्फ़ाज़ लिखता हूँ
दिल में दबे हुए जज्बात लिखता हूँ

***

## मुशीबतोंसेलड़कर

जो मुशीबतों से लड़कर जीतता है ,
वो ही असल में ज़िन्दगी को जीता है ,
पत्थर को तो कोई भी तोड़ सकता है
कलाकार वही है जो पत्थर से मूर्ति रजता है |

***

## तुम हो

मेरे गीत में संगीत में मनमीत में तुम हो

मेरे अस्क में साँस में हर बात में तुम हो

बदलते हालत में सवाल में जवाब में तुम हो

हर चाह में राह में हर नज़र में तुम हो

ज़िन्दगी के साथ भी बाद भी तुम हो

मेरे लिए इसलिय बड़ी खास तुम हो

***

## जीने का मन

जीने का मन नहीं होता साथ अगर तुम न होते

ख़ुशी का एक पल न होता पास अगर तुम न होते ,

प्यार का मतलब तुमने सिखाया ,जिसको सबने ठुकराया

उसको तुमने अपनाया , जाना पढ़ा कभी छोड़कर तुमको तो

खुशी तुमको दे जायेंगे और तुम्हारे आँसू अपने साथ ले जायेंगे |

***

## वक़्त बदल जाता है

वक़्त बदल जाता है तो लोग बदल जाते हैं

सबके देखने का नज़रिया बदल जाता है

सबके सोचने का तरीका बदल जाता है

इंसानियत की कीमत बदल जाती है

कोई दूर चला जाता है कोई पास आ जाता है

वक़्त वक़्त की बात है राजा भिखारी बन जाता है

भिखारी राजा बन जाता है

वक़्त बदल जाता है तो लोग बदल जाते हैं

*** 

# दर्द को देखो

दर्द को दर्द से देखो
दर्द को भी दर्द होता है
दर्द को भी ज़रूरत है प्यार की
आखिर प्यार में दर्द ही तो हमदर्द होता है

***

# जिंदगी क्या है

जिंदगी क्या है एक अनोमोल तोहफा है
इस तोहफे को यूं न जाने दो
गम से यूँ इसे न तुम महफूज़ रहने दो
दुख आएं चाहे कितने भी
अपनी मुस्कान यूँ वंचित न रहने दो ।

***

# मैं बेटी हूँ

मैं बेटी हूँ मुझे इस धरती पे आने दो
मैं पिता की शान बनूँगी माँ का अभिमान बनूँगी
मैं बेटी हूँ मुझे इस धरती पे आने दो
मैं दुनिया के लिए पुरस्कार बनूँगी
कुछ नया अविष्कार करूंगी
मैं बेटी हूँ मुझे इस धरती पे आने दो
काली बन के दुष्टों का संगार करूंगी
देश की सुरक्षा में योगदान करूँगी

मैं बेटी हूँ मुझे इस धरती पे आने दो
परिवार का मान बनूँगी
अन्तरिक्ष तक परचम बुलंद करूँगी
मैं बेटी हूँ मुझे इस धरती पे आने दो

***

## रिश्ते की एमियत

हर रिश्ते की ऐमियत होती है जिंदगी में
हर किसी को पाने की इच्छा होती है इस दिल में
यूँ तो अक्सर बेगाने भी अपने बन जाते है जिंदगी में
बस हर रिश्ते को निभाने की इच्छा होनी चाहिए इस दिल में

***

## ज़िन्दगी सब सिखा देती है

ज़िन्दगी सब सिखा देती है
कौन अपना है कौन पराया बता देती है
एक पल रुलाती है दूसरे पल हँसा देती है
किसी को पास किसी को दूर बुला लेती है

***

## गर्ज कर दिया खूद को

दूसरों की परवाह करने में
वो भूल गए हमको अपनी किस्मत बदलने में
बदल दिया अपना हर रास्ता एक नई राह बनाने में

***

सारा रंग बिखर जाता है

मेरे चेहरे पे तेरे हुस्न का
मेरे दिल में नज़र आता है
चेहरा तेरा गुलाब सा
आँखों में नींद नहीं
जबसे देखा तुझे बेताब सा

***

आओ मिलकर
एक संकल्प करें
एक प्यारा सा लक्ष्य बनाएं
जब तक पा न ले
तब तक मेहनत का एक मंच बनाएं

***

तुम समझती नहीं
की तुम क्या हो मेरे लिए
हर चाँदनी रात का चाँद हो तुम
सूरज के प्रकाश की एक किरण हो तुम
मेरी अधूरी किताब हो तुम
एक प्यारा सा अहसास हो तुम
मेरे लिए बहुत खास हो तुम

***

## जीवन की बातें

रेत पर लिखा था कुछ
जीवन की अनसुलजी बातें
किसी के मिलने और बिछड़ने की बातें
यादों की लंबी लंबी रातें
बेवजा मुलाकातों की बातें
हर याद को मिटा ले गयी

समुन्दर की वो लेहरें
बस रह कुछ अकेलेपन की बातें

***

हर रास्ते में ग़मों के काँटे हैं
हर कदम में पतझड़ के मौसम हैं
हर नज़र में किसी रिश्ते की ख्वाहिश है
हर रिश्ते में किसी विश्वास की गुंजाहिश है

***

## कोई बात नहीं

कोई दूर नहीं कोई पास नहीं
कोई खास नहीं किसी से मुलाकात नहीं
किसी से शिकायत नहीं
बेबसी भारी है ज़िन्दगी
फिर भी कोई बात कोई बात नहीं

***

ये दुनिया बड़ी ज़ालिम है
यहाँ हर गम छुपाना पड़ता है
हज़ारू गम हो सीने में
फिर भी मुस्कुराना पड़ता है

***

## विदा किया

विदा किया जिस बाप ने अपनी फुल सी बेटी को
उसको जंजीरों के बंदन में न बाँघो तुम
उसको प्रेम के बंदन में साँजो तुम
विदा किया जिस बाप ने अपनी फुल सी बेटी को

उस पर अत्याचारों की आँधी न लाओ तुम
देहज के नाम पे न पीटो न चिलाओ तुम
विदा किया जिस बाप ने अपनी फुल सी बेटी को
उसको परिवार का आधार मानो तुम
अपनी बेटी की तरह जानो तुम

***

## आंखों से ओझल

आंखों से ओझल रहता है
जाने कहाँ छुपा रहता है
मेरे सपनों में रोज आता हैं
पर हकीकत से रूबरु नहीं कराता है
वो मेरा सुखी जीवन है जो मुझे छोड़ के
सबके पास चला जाता है

***

## तुम नहीं तो

तुम हो तो ज़िन्दगी बड़ी खास लगती है
तुम नहीं तो हर वक़्त बेफिसुल लगता है
तुम हो तो हर मौसम रँगीन लगता है
तुम नहीं तो बरसात भी अंसुओं की बूंद लगती है
तुम हो तो दुनिया का हर रँग सुनैहरा लगता है
तुम नहीं तो हर रँग फिका लगता है
तुम हो तो जीवन का दुख भी मज़ा लगता है
तुम नहीं तो हर सुख भी सज़ा लगता है
तुम हो तो मैं हूँ तुम नहीं तो मैं नहीं

***

## ज़िन्दगी बर्बाद मत करना

ज़िन्दगी में कभी किसी से प्यार मत करना
हो जाये तो इंकार मत करना
चलना उसी की राह में
उसकी ज़िन्दगी बर्बाद मत करना

***

दिल में हर किसी के लिए प्यार नहीं होता युहीं हर किसी पे ऐतबार
नहीं होता कुछ पल साथ चलना पड़ता है मेरे यारों इतनी जल्दी प्यार
नहीं होता |

***

## दर्द की भाषा

दर्द की अपनी भाषा होती है
जो मुझे बहुत लुभाती है
मुझे वो जीना का सलीका सिखाती है
दर्द की अपनी भाषा होती है
जो मुझे कौन अपना है
कौन पराया ये बतलाती है
दर्द की अपनी भाषा होती है
जो मुझे दुख का मर्म लगती है
ग़मों से लड़ने की ताकत दिलाती है
दर्द की अपनी भाषा होती है
जो मुझे खुदा से मिलाती है
उसकी याद दिलाते है
दर्द मेरा साथी है जो मेरे पास रे जाता है
सुख से दूर भगाता है |

***

## पूछा लक्ष्य से

मैं ने पूछा लक्ष्य से की तू मिलता क्यों नहीं
लक्ष्य ने हँस के कहा मिलूंगा जरूर
तेरे प्रयासों से
तेरे उम्मीद के भरोसे से
तेरे विश्वास के बंदन से
तेरी मेहनत के लगन से |

***

## लक्ष्य मेरा

लक्ष्य मेरा कठिनाईयों भरा है
बड़ा विचलित भरा है
पाना है मुश्किल पर होना है स्थिर उसकी राह पर
भूत भविष्य को त्याग कर
वर्तमान को आधार मान कर
सोच विचार को जान कर
लोगों का ध्यान त्याग कर
महापुरुषों की बात मान कर |

***

## शाम होते ही

शाम होते ही दोस्तों की याद आ गयी
फिर वही बात याद आ गयी
फिर वही सौकत याद आ गयी

फिर वो ही पल याद आ गया
जिस पल में हम खुश होते थे
ज़िन्दगी से बेफिक्र होते थे
सब एक साथ होते थे
अब वो शाम फीकी सी लगती है
जब हम सब अपनी ज़िंदगी में व्यस्त होते है
बड़े ही गमबीर होते है |

***

## ओ  चित्रकार

ओ चित्रकार एक तस्वीर बना दे
मेरे सपनों को उसमें दिखा दे
मेरी ज़िंदगी को भी रंगीन बना दे
ओ चित्रकार एक तस्वीर बना दे
मेरे बेखरे हुई रिश्तों को फिर से मिला दे
उनकी खुशियों को भी रंगीन बना दे
ओ चित्रकार एक तस्वीर बना दे
मेरे देश को उसमें देखा दे
उसके भविष्य को भी रंगीन बना दे
ओ चित्रकार एक तस्वीर बना दे
मेरे भगवान को उसमें देखा दे
एक बार तू मुझे उससे मिला दे
मेरी ज़िंदगी को भी उनके रंगों में भर दे
मुझे तू मोक्ष का द्वार देखा दे

***

## इतना प्यार करते हो

तेरी किस्मत में मैं नहीं शायद

क्यों मेरा इंतज़ार करते हो

हमसे हंसीन भी होंगे लोग इस जहाँ में

क्यों हमें इतना प्यार करते हो

तेरी ज़िन्दगी को हम बर्बाद कर देंगे

क्यों यह गुनाह तुम बार बार करते हो

क्यों हमें इतना प्यार करते हो

***

## ओ इंसान

ओ इंसान तू नदिया की तरह बन

जिसमे सब तैर सखे पापी और सज्जन

ओ इंसान तू ऐसा बन जिसको सब कहे सखे बोल बच्चन

जिसके हृदय में न हो क्रोध का तपन

ओ इंसान तू ऐसा बन जिसको हिला न सखे सुख और दुख

जो हमेशा रखे एक जैसा मुख

ओ इंसान तू अच्छा बन थोड़ा सच्चा बन

***

## क्या हुआ अगर

क्या हुआ अगर ज़िन्दगी में खुशियां थोड़ी कम है

ग़मों में ही खुशियां ढूंढ लेंगे ।

क्या हुआ अगर अपनों ने साथ छोड़ दिया

उनकी यादों को हम अपना बना लेंगे

क्या हुआ अगर मंजिलें नहीं मिल रही

सपनों में ही अपनी मंजिलों को ढूंढ लेंगे

क्या हुआ अगर वक़्त नहीं मिल रहा

अपने छोटे छोटे से कामों में ही
दूसरों के लिए वक़्त ढूंढ लेंगे

***

## मतलबी हैं लोग

मतलबी है लोग यहां मतलब से याद करते है
जब कोई काम होता है
तब हमें पास भुलाते है
जब कोई काम नहीं होता
तो पूछते नहीं आप कैसे हो कहाँ हो
तब हमें देखकर मुख फेर लेते है
अपना रास्ता भी हमसे मोड़ लेते है

***

## चलो वो ही सही

किस्मत को है जो मंज़ूर चलो वह ही सही
मुश्किल है अगर मिलना मंज़िल चलो वह ही सही
दुःख है अगर जीवन में चलो वह ही सही
शिकवा नहीं इस जहाँ से अब कोई
अपना नहीं कोई चलो वो ही सही

***

## इतराओ मत इतना

इतराओ मत इतना अपनी ज़िन्दगी से
सब यहीं रह जाना है मिट्टी का खिलौना है
मिट्टी में मिल जाना है

अपने साथ कुछ नही ले जाना है
सिर्फ तेरे अच्छे कामों से तुझ को पहचानना है |
इतराओ मत इतना इस वक़्त से
ये वक़्त भी गुजर जाना है
आज तेरा है कल किस और का हो जाना है
तेरे अच्छे कर्मों से ही
दुनिया ने हर वक़्त तुझे पहचानना है |
इतराओ मत इतना अपने आप से
तुझे अकेले चले जाना है
सबको यहीं छोड़ जाना है
बस तेरे अच्छे रिशतों ने ही तुझे छोड़ने जाना है
आखिरी वक़्त तक तेरा साथ देना है |

***

## कल्पनाओ के सागर में

कल्पनाओं के सागर में न डूब तू इतना
हकीकत से रूबरू हो जितना
मेहनत पे भरोसा रख इतना कि सपनों को पा सखे उतना
लक्ष्य को साध अपना चाहे दुख हो कितना
खुशीओं में बदल उसको उतना ।

***

## पर्वत से कठोर

पर्वत से कठोर वक़्त है मेरा
सागर से बड़ा दुख है मेरा
आकाश से ऊँचा ख्वाब है मेरा
पत्थर से मजबूत मेहनत है मेरी

लक्ष्य पाना मुश्किल है मेरा
पर फिर भी चलना अटल है मेरा
रुकने का न वक़्त है मेरा
पर बढ़ते रहने का संकल्प है मेरा ।

***

## कौन कहता है

कौन कहता है की तू कुछ पा नहीं सकता
हिम्मत तो कर तू पर्वत को भी गिरा देगा
हर शिखर को भी पा लेगा ।
कौन कहता है की कोई अपना नहीं है
तू कामयाब तो हो जा तो सब तुझको अपना बना लेंगे
अपने हृदय में तुझको बसा लेंगे ।
कौन कहता है की कुछ पाना असंभव है
तू मेहनत तो कर तू धरती को भी आसमान बना लेगा
अपने अस्तित्व को भी सुधार लेगा ।
कौन कहता है की वक़्त कम है
तू कर्म तो कर सधभाव से
हर वक़्त को काबू में कर लेगा
अपने वक़्त को भी बदल लेगा ।

***

## दोस्ती किताबों की

दोस्ती किताबों की अजीब होती है
अलग अलग पन्नों का साथ होता है
अक्षरों का दृष्टांत होता है
बुद्धि का विकास होता है

लेखक का ज्ञान होता है
उसके शब्दों का प्रकाश होता है
इसलिये किताबों का साथ बढ़ा ही उत्तम होता है
हर सवालों का जवाब होता है

***

## कामयाब

कामयाबी के लिए मेहनत में तपना पड़ता है
मजबूत इरादों को मन में भिड़ाना पड़ता है
ख्वाबों को छोड़कर हक़ीक़त से रूबरू होना पड़ता है
हर दुश्मन को भी दोस्त बनाना पड़ता है

***

## क्या जमाना था

क्या जमाना था वो जब लोग पैसों से नहीं रिश्ते से प्यार किया
करते थे
एक दूसरों से मिलने के लिए बेकरार हुआ करते थे
हर खुशी को एक दूसरे से बाँटा करते थे |
क्या जमाना था वो जब लोग चिट्ठी से संदेश भेजा करते थे
एक दूसरे का हाल चाल नीले कागज़ पे लिखा करते थे
अपने पड़ोसियों से अपनी भावनाओं को व्यक्त किया करते थे |
क्या जमाना था वो जब गली के सब बच्चे गिल्ली डड्डा पिट्टू खेला
करते थे रिश्तेदार एक दूसरे के घर रुका करते थे मौज मस्ती किया करते
थे
प्रेम से एक दूसरे का आधर किया करते थे
फोन पे नहीं अपनी परिवार के साथ वक़्त बिताय करते थे|

***

## करते हैं हम

अब भी तुमको महसूस करते है हम
हर वक़्त तुम्हें याद करते है हम
तुम्हारे साथ गुजरे हुए हसीन लम्हों की फरियाद करते है हम
तुमसे मिलने के लिए मन्नतें हज़ार करते है हम
ख्याल रखना
ख्याल रखना अपने दिल का
कहीं बहक न जाये
वक़्त की साथ कहीं
बदल न जाए
भूल न जाए हमको
इस कदर की बेगाने हम बन जाएं

***

## ऐ ज़िन्दगी

ऐ ज़िन्दगी तू दुख को छोड़ता क्यों नहीं
सुख की रोशनी को देता क्यों नहीं
कितनी परीक्षा लेगा मेरी ये तो बता दे
मेरे वक़्त को तू बदलता क्यों नहीं
पर्यसों के समुन्दर में डूब चुका हूँ बहुत
अब तो सफलता का प्रकाश जला दे
मेरी ज़िंदगी में भी रोशनी का दीप जला दे

***

## अपनी खुशियां

अपनी खुशियों को न रुको तुम
किसी और के ख़ातिर अपने आप को न बांघों तुम
जो रिश्ते जहर बन चुके है उनको अपनी हाल पर छोड़ो तुम
दुनिया जलती है तो जलने दो उनको बुझाने का प्रयास न करो तुम
अपने आप को बदलने का अभ्यास करो तुम
अपने आप पर विश्वास रखो तुम

***

## ज़िन्दगी ने सीखा दिया

ज़िन्दगी ने सीखा दिया जीने का सलीका
दुखों से लड़ने का तरीका
जख्मों को छुपाने का फलसफा
बनावटी रिश्तों को निभाने का सलीका
मुसकुराते चेहरे को दिखाने का तरीका
ग़मों से लड़ने का फलसफा ।

***

## हम वो इंसान

हम वो इंसान नहीं जो किसी को भूल जाएं
हम वो इंसान है जिसको दुनिया भूल जाये
हम वो इंसान नहीं जो किसी की बुराई करें
हम वो इंसान है जिसकी दुनिया बुराई करे
हम वो इंसान नहीं जो किसी को मतलब से याद करें
हम वो इंसान है जिसको दुनिया मतलब से याद करे
हम वो इंसान नहीं जो दूसरों को बदले
हम वो इंसान है जो खुद को बदले

***

## मतलब की दुनिया

मतलब की दुनिया भी क्या अजीब करती है
कमज़ोर को भी मजबूत बना देती है
जिनको दुनिया हटाती थी रास्ते के पत्थर की तरह
उनको भी भगवान की मूरत बना देती है ।

***

## मज़ाक बनाती है

मज़ाक बनाती है ये दुनिया मेरा
पर फिर भी हम मुस्कुरा देते है
उनके साथ थोड़ा हँस लेते हैं
दिल तोड़ती है ये दुनिया मेरा
पर फिर भी हम दिल को मना लेते हैं
उनके साथ थोड़ा निभा लेते हैं
साथ छोड़ जाती है ये दुनिया मेरा
पर फिर भी हम हर काम कर जाते है
उनको भी हम थोड़ा अपना बना लेते है

***

## बदलते लोग

बदलते मौसम की तरह
लोग भी बदल जाते हैं
मीठी यादों को पीछे छोड़ जाते हैं
पुराने रास्तों को छोड़कर
नए रास्ते बना लेते हैं

ऊपर चढ जाएं तो
नीचे देखना भूल जाते हैं
इस कदर वो अपनों को भूल जाते हैं
घमंड में यूं चूर हो जाते हैं

***

## बदलती दुनिया

कुछ इस तरह से बदलने लगी है दुनिया
की रिश्तों को भी बेचने लगी है दुनिया
अपने मतलब के खातिर किसी भी हद
तक जाने लगी है दुनिया
अंदर है नफरत बाहर प्रेम का दिखावा करने लगी है दुनिया
एक दूसरे की पर्वा किये बिना जीने लगी है दुनिया
इस कदर अपनी आप से ही प्यार
करने लगी है दुनिया ।

***

## शाम का इशारा है

शाम का इशारा है क्या हसीन नज़ारा है ,
चाय का प्याला यूँ हमने झलकाया है
हर एक बिस्कुट और नमकीन हमने
परिवार के साथ खाया है ,बस
ये ही एक पल शाम ने हमारा
रंगीन बनाया है ।

***

# रुक जाते जरा

रुक जाते जरा मेरा भी इंतजार कर लेते
दूर निकल गए हो इतना थोड़ा सा और इजहार कर लेते
मेरी दुनिया में रहकर मुझसे थोड़ा और प्यार कर लेते ।
रुक जाते जरा मेरा भी इंतेज़ार कर लेते
बदल गए हो इतना थोड़ा मुझे समझने का प्रयास कर लेते
मेरा साथ दे कर मुझे थोड़ा और अपना बना लेते ।
रुक जाते जरा मेरा भी इंतजार कर लेते
बड़े बन गए हो इतना थोड़ा मुझे छोटा समझ कर माफ कर देते
अपनी यादों को थोड़ा और हसीन कर देते ।

***

# ज़िन्दगीक्याहै

ज़िन्दगी क्या है
एक मुश्किल सफर है
ग़मों का मिलन है
खुशियों का प्रयास है
ज़िन्दगी क्या है
अपनों का साथ है
प्रेम का पुरस्कार है
आदर निरादर का भाव है
ज़िन्दगी क्या है
बचपन जवानी बुढ़ापे की
पहचान है अपने आप को
बदलने का प्रयास है
अपने सुनहरे सपनों को
पूरा करने की आस है ।

***

## खुश रहने का

खुश रहने का ये ही फलसफा है

दुनिया क्या सोचती है

इस की परवा न करना ही भला है ।

खुश रहने का ये ही फलसफा है

खुद को बदलो किसी को न बदलना ही भला है ।

खुश रहने का ये ही फलसफा है

मौत से न डरों खुल के खुशी से जीना ही भला है ।

खुश रहने का ये ही फलसफा है

क्रोध को शांत करो कोई तुम्हारा बुरा चाहें

तो उनसे दूर जाना ही भला है ।

खुश रहने का ये ही फलसफा है

खुल के जीने में ही तो मज़ा है ।

***

## वक़्त

सलाह सभी देते है जब वक़्त अच्छा न हो

मदद कोई नहीं करता जब ताक़त हमारी कम हो

सामने अच्छा बनते हैं जैसे पीढ़ पीछे कोई इनसे अच्छा न हो ।

***

## पाना है लक्ष्य

पाना है लक्ष्य तो सूरज जैसा तपना होगा

किसी और को न बदलकर खुद को बदलना होगा

कोई कुछ बुरा कहे तुझको तो उनको छोड़ना होगा
मेहनत को अपना हत्यार बनाना होगा
अपने आप पर विश्वास करना होगा
जीवन के काटों भरे रास्तों को फूलों में बदलना होगा
जब तक न मिले लक्ष्य तब तक न रुकना होगा
अपने भविष्य को तुझे ही बदलना होगा ।

***

आराम को त्यागकर परेशानी को गले लगा
मिले न कुछ फिर भी हँस और मुस्कुरा
शांत मन से कर्म कर लक्ष्य तेरा शोर मचाएगा
है आज जो तुझसे दूर उनको भी पास बुलायेगा
जो जलते है तुझसे उनको और जलाएगा
हर किसी को तेरा कायल बनाएगा ।

***

## हम जैसे हैं अच्छे हैं

हम जैसे है जो भी है अच्छे है थोड़ी से सच्चे है,
बुराई हमें आती नहीं भलाई हमसे जाती नहीं
चालाकी हमसे होती नहीं शराफत हमें छोड़ती नहीं
चापलूसी हमें आती नहीं झूठी तारीफ़ हमसे होती नहीं
अपने हमे समझते नहीं गैरों की मेहफिल में हम जाते नहीं
जिंदगी हमें सब सीखती है पर हुशयारी हमें आती नहीं
रंग सब पे विश्वास का हमारे दिल से जाता नहीं

***

## खुशी से बढ़कर

खुशी से बढ़कर कोई तोहफा नहीं

प्रेम है जहाँ वहाँ धोका नहीं
रिश्तों से बढ़कर कोई बंधन नहीं
परिवार है वो महान जहाँ कोई शर्तें नहीं
ईमानदारी से बढ़कर कोई दौलत नहीं
झूठ है जहाँ वहाँ सचाई नहीं
इंसान से बढ़कर कोई दुख नहीं
दुख में जो खुश हो वो दुखी नहीं

## अजीब किसा

कितना अजीब किसा है
सौ काम करो आप लोगों के
पर एक काम न कर पाओ तो
हर अच्छाई आपकी बुराई बन जाती है
दुनिया आपको भूल जाती है ।

***

बदलते हालातों से मत घबरा ओ मुसाफिर
मंजिल दूर है पर मिलनी मुमकिन है
परीक्षाओं का समुंदर छोटा हो या बड़ा
प्रयसों की आग को न बुक्षने देना
मेहनत के रंगों को इस कदर पिरोना
की जीवन के आसमान में इंद्रधनुष अति सुंदर दिखे ।

***

## नई शुरुवात

आओ नई शुरुवात करें दूसरों से उम्मीद छोड़कर
खुद पर विश्वास करें अपनी कमजोरियों को समझे
उनको मजबूत करने का प्रयास करें

देश समाज के हित में अपना भी योगदान करें

***

## वो आये सामने

वो आये सामने तो हम उनको कुछ कहे नहीं पाए
नज़रे इनायत करी पर दिल की बात जुभँ पर न ला पाए

***

## मुलाकात

मुलाकातों का सिलसिला इस कदर चला
की उनकी आदत हो गई हर किसी की बातों में हमारी
बातें हो गई

## हंसते चेहरे

दुनिया मेरे हँसते हुए चेहरे को पहचान नहीं पाई
सोचा बहुत खुश होंगा मैं पर मेरे दिल के दर्द को
वो जान नहीं पाई

***

## सफलता से प्यार

दुनिया तुम्हारी औकात देखकर तुमसे बात करती है
वो तुमसे नहीं वो तो तुम्हारी सफलता से प्यार करती

***

## जीवन है कुछ पल का

जीवन है कुछ पल का इस को जीलो हर क्षण
कोई कुछ बुरा कहता है तो क्या फर्क पड़ता है
उनको कुछ कहकर तू क्यों बुरा बनता है
जो जैसा है वो वैसा ही रहता है
देखा देखी कर के क्यों तू अपना दिल मैला करता है
छोड़ दे उनको अपने हाल पे
तू उनको क्यों बदलने की कोशिश करता है ।

***

## झुकूंगा नहीं

झुकुंगा नहीं चाए कितना भी कमजोर हो जाऊं
मेहनत करूँगा मुकाम तक पहुंजने की
चाए कितना ही क्यों न दुनिया के लिए मज़ाक हो जाऊं
विश्वास करूँगा अपने आप पर इतना की
खुदा को भी मुझ पर विश्वास हो जाए ।

***

## जब तुम पास होती हो

जब तुम पास होती हो ज़िन्दगी बड़ी हसीन लगती है
खुशियों की किताब लगती है
जिसके हर पन्नो में तुम्हारे बिताये हुए हर पल पड़ता हूँ
दिल में तुम्हारी यादों को समेटकर रखता हूँ ।

***

## तुम्हारी याद

फिर आज तुम्हारी याद आ गई
लम्हों की बरसात आ गई
भीग गए इस कदर की सुबह से शाम हो गई
पता ही नहीं चला कब तुम्हारी यादों में रात हो गई |

***

## कभी मत रोना

ज़िन्दगी में कभी मत रोना
परेशानी अपनी किसीको बताकर
कुछ होंगे खुश तुमें दुखी देखकर
कुछ को फर्क नहीं पड़ेगा तमें इस हाल में देखकर

## तुम्हारा एहसास

तुम पास हो या दूर तम्हारा एहसास रहता है
बिना देखे ही मेरे नज़रों में तम्हारा चेहरा रहता है
खुश रहना हमेशा कहीं भी रहो
तुम्हारी खुशी से ही मेरा दिन खुश मिजाज रहता है |

***

## याद करोगे

हम नहीं होंगे तो याद करोगे
हमारे प्यार की फरियाद करोगे
नज़र के पास नहीं होंगे
फिर भी हमारे पास होने का एहसास करोगे

***

## <u>देखा है तुम्हें जबसे</u>

देखा है तुम्हें जबसे
तबसे किसी और को देखा नहीं
जुड़ गया है यूँ दिल तुमसे
की कहीं और अब दिल लगता नहीं ।

***

## <u>याद आती हैं वो यादें</u>

याद आती हैं वो यादें
जब हम भी किसी के लिए ज़रूरी थे
उनके चेहरे की मुसकान थे उनकी बातों में
हमारी ही बात थी
याद आती हैं वो यादें
जब हमसे भी कोई मिला करते थे
हमारा भी इंतजार किया करते थे
हर रात हमसे ही बात किया करते थे
याद आती हैं वो यादें
जब हमारा भी कोई ख्याल किया करते थे
हमारे गम को भी अपना समझते थे
अपनी हर बातों को हमसे ही सँझी किया करते थे
याद आती हैं वो यादें बड़ा रुलाती है वो यादें .....?

***

## <u>वक़्त मिले</u>

वक़्त मिले तो सारी रंजिशें भुला देना दोस्तों
वक़्त का कुछ पता नहीं कब किस की सांसें थम
जाएं

***

## प्यार तुझसे

प्यार तुझसे किया ये मेरी नज़र थी
बेवफाई तूने की ये तुझे समझने की कमी थी

***

## दिल में दबा के

दिल में दबा के मत रखना
बातों को छुपा के मत रखना
हूँ तुम्हारा हमेशा बस इतना समझना
अपने दुख को मेरा गम समझना
अपने सुख को मेरी खुशी समझना

***

## रिश्ते वही

रिश्ते वही हैं निभाने के अंदाज़ हैं बदले
मुस्कुराते चेहरों के भाव हैं बदले
गुजरते थे हमारी गलियों से जो उनके हर रास्ते है बदले
दिल से जूड़े थे जो रिश्ते उनके दिलों के तार है बदले

***

# भंवर में छोड़ जाते

मुझे भंवर में ही छोड़ जाते तो
बात तुमपर न आती
मुझे बीच राह में छोड़ देते
तो हर रास्ता तुम्हारा बंद न होता
मुझे अकेला छोड़ देते
तो अपनो से तुम दूर न जाते
मुझे प्यार कर के छोड़ देते
तो हम भी जी नहीं पाते
पर अपनी खुशियाँ तुम्हें दे जाते

***

# मज़ाक

उड़ाती है ये दुनिया मज़ाक मेरा तो हम हँस लेते है
उनको भी ख़ुशी दे देते है उनके चेहरों पर मुस्कान ले
आते है |

***


# मतलबी दुनिया के अंदाज़

मतलबी दुनिया के अजीब अंदाज़ देखें
फ़ोन करें आपको बेहिसाब जब वो अपना
काम देखें भूल जाएँ आपको जब आप

उनसे अपने काम की उम्मीद देखें

***

## ज़िन्दगी का दुख

माना की ज़िंदगी में में दुख है ज्यादा सुख है कम
मुस्कुराने की वजह है कम रोने की वजह है ज्यादा
फिर भी खुश होने का बहाना ढूंढ लेते है दर्द है ज्यादा
फिर भी दर्द में ख़ुशी ढूंढ लेते है

***

## दोस्त हो ऐसा

दोस्त हो तो ऐसा जो
दिल के दर्द को
समझ सके और
खुशी दे सके
अंधेरी रातों में भी
दिन का उजाला
दे सके ।

***

## अपना नहीं समझा

अपना नहीं समझा कभी किसी ने
चाये हमने कितना भी अपना समझा हो
किस्मत ने न दिय जब हमारा साथ
तो लोगों से नाराज़ क्या रहें रो लेते है
अकेले में हँसने का कभी बहाना न मिला

और लोगों को हम पर हँसने का अफसर मिल
गया टूट गया हूँ अंदर से अब जीने का मन नहीं करता
पर जीवन का भी अंत नहीं मिलता

***

## परिवार एक तौफा

परिवार है एक तौफा अनमोल
कोई नहीं है इस का मोल
पैसे में न इसको तोल
विश्वास धन है इसका
आधर भाव है इसका
रूठना मनाना सुभाव है इसका
प्रेम पुरस्कार है इसका
ईर्षा नाश है इसका

***

हर क्यों का जवाब नहीं होता
अगर हम समझते है किसी को अपना
तो उसका कोई हिसाब नहीं होता

***

## अपनी सी लगती हो

तुम अपनी सी लगती हो
दिल को अच्छी सी लगती हो
थोड़ी सच्ची सी लगती हो
बड़ी प्यारी सी लगती हो
जनता नहीं हूँ तमको
इतना फिर भी जानी पहचानी सी लगती हो |

***

## इंतज़ार न कर

चला जाए जो ज़िन्दगी में उसका इंतज़ार न कर
मिलेंगे और अच्छे भी तू बस आगे बढ़
भीग न मांग किसी से रुकने की इच्छा न
कर किसी को बदलने की
रिश्ता मज़बूत होगा तो आ जायेगा
नहीं तो तेरे प्रेम से वंचित रह जायेगा

***

## आलोचनाओं से न डर

आलोचनाओं से न डर लोगों की
उड़ते परिंदे को देखने की आदत नहीं लोगों की
झुक गया कोई तो और झुकाती है ये दुनिया बिना मतलब
किसी को उठाने की भी आदत नहीं दुनिया की ।

***

## जो जलता है

जो जलता है तुमसे उनको और जलाओ
खुश रहो इतना की उनकी खुशी धुंदली पढ़ जाए ,
बुरा कहे कोई तुम्हे तो सुनते जाओ बस शांति
से अपना काम करते जाओ ।

***

# है प्यार तुमसे

है प्यार तमसे
तब ही तुम्हारे गुस्से
को सह जाते है
होता है दुख तो जताते नहीं
क्योंकि दुखी हम तुम्हें
देख सकते नहीं

***

# कदर नहीं जहाँ

कदर नहीं जहाँ तुम्हारी बात की
वहाँ चुप हो जाना
तुम्हारी भी कदर नहीं होगी वहाँ
तो चुपके से वहाँ से
निकल जाना |

***

# अपने भी मिले

अपने भी मिले अनजाने भी मिले
बेगाने भी मिले कुछ सपने भी मिले
किसी से दिल मिले किसी से विचार
मिले पर मुझे समझने का किसी को
वक़्त नहीं मिला
अच्छे तो थे हम
पर अच्छाई का हम को तौफा नहीं मिला

***

# जिंदगी लड़कों की भी आसान नहीं होती

जिंदगी लड़कों की भी आसान नहीं होती
होता है गम तो जताते नहीं दुख अपना बताते नहीं
अपने आँसूओं को छुपा लेते है बेवजह यूँ मुस्कुरा देते है
परिवार की खुशी के लिए अपनी खुशी को दबा लेते है
बड़े ही हुनर से बेटे , पिता और भाई के रिश्ते को निभा लेते है
लड़कों की ज़िन्दगी भी इतनी आसान नहीं होती |

***

किसी को अपना समझने
की आदत छोड़ती क्यों नहीं है
गम कितना भी हो इंसान
कैसे भी उनको खुशी देने
की अदा जाती क्यों नहीं है

***

# यादें याद आती है

यादें याद आती हैं

बीते हुए लम्हों की
सब बातें याद आती है
दोस्तों की वो माजक
करने की अदायें याद आती है
बैठते थे जब पढ़ने के लिए
साथ तो सवाल जवाबों की
कहानी याद आती है परीक्षा

की घड़ियों की वो काली रातें
याद आती हैं रिजल्ट की सारी
चिंता याद आती है तू पास में
फैल को बताने की उत्सुकता
याद आती है कॉलेज के बिछड़ने
का आखरी दिन याद आता है
यादें याद आती है....।

***

दुख है तो सुख तक पहुंचने
की इच्छा नज़र आती है ,
मेहनत का हत्यार पकड़ के
उस तक पहुंचने का रास्ता
नज़र आता है

***

गलती हो जाए तो माफी
मांग लेते हैं हम झुकना पढ़े
तो थोड़ा झुक लेते हैं हम
रिश्ते को बचाने के लिए
गलती न भी हो तो भी
मान लेते हैं हम

***


## ज़िन्दगी दर्द देती है

ज़िन्दगी दर्द देती है हमें
हर रोज हर पल हर झण
पर ये दर्द हमको खुशी देता है
क्योंकि दर्द में ही तो जीने का मज़ा होता है
सुख का तो आने जाने का खेल होता है

उससे कहाँ हमारा रिश्ता इतना अटूट होता है |

***

## सोच बदलो

अपनी सोच को बदलो
तुम्हारा वक़्त बदलेगा
सकरात्मक सोच से ही तो
तुम्हारा सपना हक़्क़ीक़त
में बदलेगा ।

***

## करो तुम

अपने आप को पहचानों तुम
अपने आप के दोस्त बनो
हो जैसे जो भी तुम अपने
आप को स्वीकार करो तुम
अपने आप में सुधार करो तुम
अपनी काबलियत से अपने
मुकाम को हासिल करो तुम
मिल जाएगा सब कुछ जीवन में
बस अपने आप पर विश्वास करो तुम
गम में न डूब कर हौसले को भर कर
नई दिशाओं का निर्माण करो तुम

***

## लक्ष्य के पिछे

इश्क़ प्यार मोहब्बत के पीछे मत भाग
भागना है तो लक्ष्य के पीछे भाग
ये तुझे धोका नहीं मौका देगा
नई ऊँचाईयों तक पहुँचने की सौकात देगा
आगे बढ़ने के लिये उत्साहित करेगा
सबको तुझसे इश्क़ प्यार मोहब्बत करने
पे मजबूर करेगा

## चह होनी चाहिए

चह होनी चाहिए
रास्ता अपने आप बन जाता है
हिम्मत कर मेहनत कर
अपने लक्ष्य को निर्धारित कर
बेवजह सोचकर अपना वक़्त
बर्बाद न कर मंज़िल तक पहुँचने
की योजना बना कर उसपर मेहनत
करने का प्रयास कर अपने आप पर
पूरी तरह से विश्वास कर

***

## ओ याद

ओ याद
तू इतनी न आया कर
उसकी यादों को न
दोहराया कर बीते

हुई कल को मेरे
सामने न लायाकर
जो चला गया उसको
भूलने दे नए उम्मीद
नई उमंगो से फिर से
जीवन को भरने दे
ओ याद तू इतनी
न आया कर

***

## ढूँढू में खुद को

ढूँढूं मैं खुदा मंदिर मस्जिद पर
ढूँढूं मैं अगर खुद को तो मैं खुदा बन जहूँ
अपने को भी सुशोभित करूं दूसरों
के लिए प्रेरणा बन जहूँ , खुद के लिए
भी रास्ता खोजूँ दूसरों के लिए भी मार्ग
दर्शक बन जहूँ

***

हालात कैसे भी हों वक़्त कैसा भी हो
जिंदगी जीना है तो मुस्कुराना पड़ेगा
मेहनत को हत्यार बनाना पड़ेगा
योजना से काम करना पड़ेगा
सुख का फल पाना है
तो कर्म पर विश्वास करना पड़ेगा
दुख के काँटों से गुजरना पड़ेगा

***

ओ प्यारे मन
तू इतना क्यों सताता है

सबको इधर उधर भटकता है
बुरा काम तुझे पसंद है उसमें तझे आनंद आता है
कठिनाई से भरा काम तुझे न भाता है
करना है वश में तुझे तो इच्छा
शक्ति को प्रबल बनाना होगा
मन को हरा कर अपने लक्ष्य
को पाना होगा |

***

तन्हा तन्हा रहने में
मुझे आनंद आता है
मुझे खुद को बदलने का
मौका मिलता है खुद को
पहचाने का समय मिलता है
नए योजना को बनाने का
अवसर मिलता है खुद को
सुधारने का मनोबल मिलता है
मुझे शांति का अनुभव होता है
तन्हा तन्हा जीने का अपना ही
माज़ा होता है |

***

जो तुम्हें पसंद हो बेफिक्र
होकर करें ,छोड़ो जमाने
के तानो को बेफिशूल
लोगों की बातों को ,
करे कोई भला काम
भी तो भी जमाने को
लगता भला नहीं कहने
वालों को कहने दो उनको
इस काम में ही रहने दो

सकारत्मक ऊर्जा को स्वीकार
करो एक नई शुरुवात करो
शांति से अपना काम करो
एक नया अविष्कार करो

***

ज़िन्दगी अजीब थी मेरी
बेबसी साथ थी मेरी
चाहा था जो पाया नहीं
पाया जो उसमे खुशी कभी
आयी नहीं समझदारी मिली
पर किसी को समझ नहीं पाए
वफ़ा किया सबसे पर किसी
से वफाई मिली नहीं ,अपना
माना सबको पर अपनापन
किसी से मिला नहीं , समय
था बहुत पर समय बिताने वाला
कोई मिला नहीं , गम थे बहुत
फिर भी मुसकुरा गए हम पर
मुस्कुराने की वजह हमें कोई
मिली नहीं |

***

मतलब पढ़े तो तू मेरा यार है
वरना तू बेकार है , तेरा काम
पढ़े तो तू मेरे लिए अनजान है
तेरी मुझसे न कोई जान पहचान है
ये अधूरापन
जिंदगी में कभी भरता नहीं
है , कुछ भी पा ले इंसान खुशी
कभी उसे मिलती नहीं है , कोई

दुखी है किसी से कोई दुखी है
किसी से संतुष्टि किसी को अपने
आप से होती नहीं है ,किसी को
ऊपर देखने की आदत नहीं है
पर वहाँ तक पहुंचने की हिम्मत
करते नहीं है , सब चाहते है सुखी
होना पर दुख में खुश होने की
आदत नहीं है |

***

अपने लक्ष्य के लिए
पूर्ण प्रयास करना होगा
मेहनत को अपना हत्यार
बनाना होगा , सकारत्मक
ऊर्जा के साथ अपने मन
को मजबूत करना होगा
इच्छा शक्ति को और प्रबल
बनाना होगा , अपने सपनो
के लिये कठिनाईयों से गुजरना
पड़ेगा तो भी गुजरना होगा
लोगों के बातों को पीछे छोड़कर
हमें आगे बढ़ना होगा |

***

अकेले आते है इस दुनिया में
अकेले चले जाते है सिर्फ अपने
कर्मों को साथ ले जाते है
फिर क्यों इतना लालच करते हो
दुसरो को झुकने के लिए
उनकी इज्जत बदनाम करते हो
दौलत से क्यों तुम इतना प्यार करते हो

क्रोध कर के क्यों अपना दिल खराब करते हो
दूसरों की बुराइयों में क्यों अपना समय बर्बाद करते हो
खुश रहो खुश रहने दो खुशी का प्रकाश फेहलाओ
क्यों नफरत की आग में जलते हो
जब सब छोड़ जाना है
तो क्यों अपना पराया करते हो |

***

घर मुझे ढूँढ़ता है
हर जगह मुझे खोजता है
मैं भीड़ में बेखबर हूँ दुनिया
की भाग दौड़ में व्यस्त हूँ
पेट भरने के लिए परिवार
के सुकून के लिए सुबह
से निकलता हूँ घर से
शाम को लौटता हूँ
थक हार कर फिर
सो जाता हूँ एक
नई सुबह की दौड़ के लिए
दो वक्त की रोटी के लिए

***

खिशियाँ बिखरी है चारों ओर
चारों ओर है उजाला
अपना दृष्टिकान्त को बदल कर देखो
अपनी दृष्टि से देखो अच्छाई नज़र आएगी
कुछ इंसानों की सचाई नज़र आएगी
दिखेगी सबकी सूरत सुंदर देखोगे अगर उनके मन के अंदर
नज़र आएंगे ईश्वर भी विश्वास अगर अटल है तुम्हारा
उनके ऊपर

***

ज़िन्दगी में तुम हो और क्या चाहिए
तुम्हारे चेहरे की मुस्कान से ही रोशन
है मेरा जहाँन खुदा से और कोई
ख्वाहिश नहीं चाहिए |

***

ज़िन्दगी में हम कभी हार नहीं मानेंगे
हो कितना भी कठिन ज़िन्दगी का सफर
पर हँस के हर लम्हा गुजार देंगे न रूकेंगे
न थकेंगे जब तक लक्ष्य को न पा लेंगे ।

***

मैं दिल से मजबूत हूँ
मैं जो भी हूँ जैसे भी हूँ
अपने आप से खुश हूँ
जिसको जो समझना वो
समझ ले मैं उनकी छोटी
सोच से बहुत ऊपर हूँ ,
वो अपने दुख से इतने
दुखी नहीं जितनी मेरी
खुशी से दुखी हैं
हर लड़की का अपना एक स्वाभिमान होता
उसके न का मतलब न होता है
अपनी इच्छाओं के लिए तेज़ाब से
उनका दामन गिला क्यों करते हो
अपनी जिन्दगी में लाने के लिए
उनकी ज़िन्दगी खराब क्यों करते हो
आपकी मरदांनगी उसको समझने में
होनी चाहिए उसको समझाने में नहीं

***

हसना रोना लगा रहेगा

दुख सुख लगा रहेगा
मिलना बिछड़ना लगा रहेगा
रूठना मनाना लगा रहेगा
रिश्तों का टूटना बनना लगा रहेगा
ज़िन्दगी एक इन्तेहाँन है किसी
का सफल और असफल होना
लगा रहेगा |

***

बदल के खुद को देखो
ये संसार बदला हुआ
नज़र आएगा ,बदल
जाएगा हर भाव तुम्हारा
खुश मिज़ाज हो जाएगा
मन तुम्हारा, ज़िन्दगी जीने
का बदल जायेगा हर अंदाज़
तुम्हारा

***

सामने है वो मीठे हमसे
उनको हम अपनी नज़र से पहचान जाते है
फिर भी हम उनकी सारी बातों को
मान जाते है क्योंकि हम
अपनी अच्छाई को उनकी
बुराई के लिए न छोड़ पाते हैं

***

विश्वास करना अपने आप पर
जब विश्वास न करे ये दुनिया तुम पर
हो अलग तुम सबसे
ये मानलो तो हो जाएगा सब
मुमकिन तुमसे

***

हम बेमिसाल है लाजवाब हैं
किसी और के लिए खास हो
न हों पर अपने लिए बड़े खास हैं |

***

मंजिलें मिल जाएंगी
अपने आप पर भरोसा कर
अपनी कामनाओं को वश में कर
तू सबसे अलग है इस दुनिया में
बस इतना समझकर आगे बड़
ज़िन्दगी का रास्ता कठिन है पर
तू कठिनाइयों से न डर
पाना है लक्ष्य तो निडर बन
अपने आप पर सुधार कर
दुनिया की बातों से
तू अपना रास्ता न भटक

***

मेरी जिंदगी की किताब में
कुछ पन्ने अधूरे रह गए
सोचा था जो पूरा करेंगे सपने
वो सपने अधूरे रह गए
नए रिश्तों को बनाने की ख्वाहिश में
पुराने रिश्ते अधूरे रह गए
बस इस कदर
दुनिया की भीड़ में
हम अकेले रह गए

***

पिछली बातों को याद न
किया करें भविष्य के

बारे में चिंतित न रहा करें
वर्तमान को इस कदर जिया करें की
भूतकाल की गलती न दौराई जाए
भविष्यकाल की नींव अच्छी बने
मन को खुश रखा करें
जलन और दुसरो से तुलना
का भाव अपने जीवन में न लाया करें

***

बस इतना करो
अपने आप को बदलो
दूसरों की बुराई न करो
अपनी अच्छाई से जीवन व्यतिति करो
अपने कर्म में विश्वास करो
समय बर्बाद मत करो
हर वक़्त व्यस्त रहने
का प्रयास करो
दूसरों के भरोसे बैठकर
उनका इंतजार न करो

***

नजरिया बदले जनाब
हर किसी को देखने की अपनी दृष्टि बदलो जनाब
हर इंसान में सिर्फ बुराई नहीं होती
उसमे अच्छाई देखने का भी प्रयत्न करो जनाब
क्रोध नफरत से ही जीवन नहीं चलता जनाब
प्रेम की भाषा बोल लिया करें जनाब
मुस्कुरा के सबसे मिल लिया करें जनाब ।

***

बड़ी हसीं रात आई है
दो घड़ी फुरसत की लाई है

नींद बड़ी अच्छी आई है
सपने ढेर सारे लाई है
पूरे दिन की थकान मेरी मिटाई है
सुकून के पल मेरे लिये लाई है ।

***

याद रखिएगा

हमें भी अपनी यादों में

वो साथ गुजरे हसीन

लम्हों की बातों में ,

खुशमिजाज चेहरा

हमारा साथ जब थे

मासुमियत भरी बरसात की रातों में

वो रूठना मनाना तुम्हारा हमारा

कभी रोना कभी हँसना

इश्क़ मोहब्बत की कसमों में

याद रखिएगा हमे भी अपनी

यादों में.......

***

अगर साथ तेरा हो ज़िन्दगी

तो ये वक़्त भी गुजर जाएगा

हो कितने भी गम ज़िन्दगी में

हर गम खुशी से गुजर जाएगा

कोई मिला या न मिले जिंदगी में

तो क्या हुआ अकेले आए थे

अकेले ही ये सफर ज़िन्दगी का

गुजर जाएगा ।

***

देख लिया सबको आजमाके
सबको अपना मान के

किसको अपना कहें किसको
पराया जब समझता नहीं
कोई हमें अपना जान के

***

किसी से तुलना नहीं करनी हमको
हम खुद में सर्वश्रेष्ठ हैं
किसी का पसंदिता नहीं बनना हमको
हम खुद को पसंद करते हैं
किसी का खास नहीं बनना हमको
हम खुद में बड़े खास हैं

***

इनकार है मुझे उन हर रिश्तों से
जो मतलब पे याद करते हैं और
जब मतलब ना हो तो हमें अपना
कहने से इनकार करते हैं |

***

तन से प्यार करने वालों
मन से प्यार करना सीखो
सूरत से बदसूरत समझने वालों
जरा मन की खूबसूरती को तो देखो

***

चुप रहते है
पर चरित्र घमंडी नहीं हमारा
चेहरे से हो जैसे भी
पर मन पवित्र है हमारा

***

हर हाल में जीना है हमें,
जब बोला है ज़िन्दगी ने
की गम ही मिलेंगे हमें

तो इस गम में ही खुशी
से जीना है हमें

***

दिल रख लेते मेरा
अपने दिल में यूँ छुपा के
की दर्द तमको होता
तो एहसास हमको भी होता
आंसू तुम्हारे निकलते
तो उसकी नमी का एहसास
हमे भी होता ।

***

बचपन के पल
कितने हसीन होते थे
चिंता के न किस्से होते थे
खेल कूद के पल कितने मोहक होते थे
झूठ सच्च का न अंतर होता था
अपनों के साथ रहने के वो पल कितने
खुश मिजाज होते थे

***

दुख की आग में नहीं तपोगे तो
सुख कहाँ से पाओगे
रात के अंधेरे को न काट सखोगे
तो सवेरे की नई रोशनी
कहाँ से लाओगे ।

***

गुम कर दिया ख़ुद को
हर रिश्ते को निभाने में
पर किसी रिश्ते का साथ न
मिला ज़िन्दगी बिताने में

***

बिछड़ते हुए लम्हो के नाम

को सलाम करते हैं

जो जाना चाहें मेरी

जिंदगी से उनको

प्यार से विदा करते हैं

बढ़ चलते हैं आगे नए

रिश्तों की तरफ इस

कदर उनका स्वागत करते हैं

दिल से उनको सलाम करते हैं |

***

दिल लगाकर काम करिए

अपनी मेहनत पर विश्वास करिए

दिन रात कुछ नया करने का प्रयास करिए

जीवन को सरल बनाने का योगदान करिए

आप जैसे हो जो भी हो

अपने आप को स्वीकार करिए

प्रेम के रंग से इस दुनिया को रंगीन करिए

***

तेरे इंतज़ार की इस कदर हद हो गई

की तेरे चेहरे को भूल गए हम

नए चेहरों से हमारी इस कदर मुलाकात हो गई

कि नए रिश्तों की फिर से शुरुवात हो गई

***

जीवन संगीत है

मनमीत है

प्रेम का राग है

सुरु का साथ है

रिश्तों की ताल है

गमों की सरगम है
खुशी की धुन है

***

अकेली रातों में जागते रहे हम
तेरी यादों के पहरे में बंघते रहे हम
इस कदर तुझसे मिलने को तरसते हैं हम

***

हर मौसम हर रास्तों से
तेरा पता पूछते हैं हम
हर रात तेरी यादों को सजाते हैं हम
आँसूओं से अपने चेहरे को भिगोते हैं हम
तेरे इंतज़ार में घड़ी के काँटों को
हर समय देखते हैं हम

***

पलकों पर शाम सजाई है
तेरी यादों की लहर आई है
मेरे चेहरे पे फिर से मुस्कुराहट छाई है
लगता है खुश हो तुम
इसलिये तो मेरी ज़िंदगी में भी
खुशी आई है

***

पलकों पर शाम सजाई है
मन में खुशबू लहराई है
दिल्लगी इस कदर
तेरे इश्क़ की छाई है
की जिस दिन से देखा है तुझे
उसी दिन से तुझे अपना बनाने
की ख्वाहिश मन में जगाई है

***

प्रेम तुमसे करते हैं
तुम पे ही तो मरते हैं
यूँ तो लाखों चेहरे देखे हैं दुनिया में
पर हर बार तुम्हारा ही चेहरा
देखने को तरसते हैं

***

मुस्कुराने की वजह नहीं फिर भी मुस्कुरा देते हैं
कुछ पाने की ख्वाहिश नहीं
कुछ खोने का डर नहीं
फिर भी जिंदगी को जी जाते हैं
अपनो को पैसों से नहीं
अपनेपन से नापते हैं
फिर भी वो हमें बिना समझे
ही चले जाते हैं |

***

मिलन की छाओं छुप गई
बिछड़ने की बरसात इस कदर हुई की
मेरे आँसु उसमें बह गए
यादों के पतझड़ में रहते है अब
सर्द मौसम की ठंडी रातों में हर
समय जागते हैं अब

***


## दूरदर्शन के दिन


दूरदर्शन के दिन
उमंग तरंग के दिन
रविवार को महाभारत रामायण के दिन
देख भाई देख के हँसने के दिन

चित्रहार के गानों के दिन
शक्तिमान की शक्ति के दिन
बोमकेश भकसी की तैखिकात के दिन
शाम को टी टाइम रात को गोल्ड टाइम के दिन
मज़ेदार थे वो स्कूल टाइम के दिन
एंटिना को घुमा के आया या नहीं आया के दिन
परिवार की वो जुगलबन्दी के दिन
भुलाए नहीं जाते वो दूरदर्शन के दिन

***

अगर रोक लेते
तो रुक जाते हम
तुम्हारी खुशी होती
तो थोड़ा ठहर जाते हम
दुख है की साथ छोड़ा तुम्हारा
पर तुम्हारी खुशी के लिए ही तो हाथ
छोड़ा तुम्हारा |

***

ये जिंदगी तुझसे
कुछ नहीं चाहिए
उम्मीद से ज्यादा दिया है तूने
अब कोई ख्वाहिश न पूरी चाहिए
खुश रहता हूँ अब गम में भी मैं
खुशी के लिए अब न कोई बहाना चाहिए
करने लगा हूँ प्रेम सबसे
अब नफरत का न कोई
आईना चाहिए |

***

जिंदगी तुझसे मिलकर
हमने ये जाना है

खुशी है कम
गम है ज्यादा
हमने ये माना है
रिश्ते है बहुत
पर कुछ रिश्तों ने ही तो
हमें अपना माना है
अकेले आए थे
अकेले ही तो जाना है

***

नींद नहीं आती रातों में
फिक्र की आंधी में
भटकता रहता हूँ
क्या कमी रह गई जीवन में
बस ये ही सोचता रहता हूँ
हँसता हूँ कभी रोता हूँ
काश वैसे होता
काश ये न होता
बस इसमें ही डूबा रहता हूँ
अपने गम को नापता रहता हूँ

***

मेहनत का हाथ थाम कर
कोशिश की पतंग पर उड़कर
जो हासिल हो वो मंज़िल है |

***

आजा कि इंतज़ार तेरा है
तेरी यादों ने इस तरह गेरा है
खाली है दिल तेरा पर मेरे
दिल में तेरा ही बसेरा है

***

तुमसे मिलकर मिलना नहीं किसी और से
इश्क़ हो गया तुमसे कि होगा नहीं किसी और से

***

विश्वास रखो खुद पर
मुश्किलें आसान हो जाएंगी
गम कर के न बैठ
खुशी से मेहनत कर
हर मुकाम
हासिल हो जाएगा

***

विश्वास रखो खुद पर
हर कार्य सफल हो जाएगा
चाह है ज़िन्दगी में जो हर
चाहत तेरी पूरी हो जाएगी

***

दिल मुझे डुबो गया
इश्क़ में कोई मुझे छोड़ गया
उसकी यादों में मैं डूब गया
हर किसी पे दिल लगाना
अब हमने छोड़ दिया

***

प्रेम है पर जताते नहीं हो
लब पर लाते नहीं हो
लुभाते हो मुझे बहुत
पर पास अपने बुलाते नहीं हो
मुझे कुछ बताते नहीं हो
दूर रहते हो मुझसे
सामने क्यों नहीं आते मेरे

***

मुस्कुराना बहुत ज़रूरी है
गम कितना भी हो जीवन में
हर लम्हें में जीना बहुत जरूरी है
राह मिले कितनी भी कठिन
पर चलना जरूरी है
हर पथ को पढ़ना ज़रूरी है
जीवन में हँसना ज़रूरी है

***

खुश रहना सीखो
गमहीन क्यों रहते हो
जो मिला उसको खुशी से स्वी
कार क्यों नहीं करते हो
जो नहीं मिला उसको सोचकर
क्यों दुखी रहते हो
दूसरों की बुराई ही क्यों देखते हो
हर किसी की अच्छाई देखने का
प्रयत्न क्यों नहीं करते हो |

***

रहते हो जब तुम मेरे साथ
कहना चाहूँ तुमसे जो हर बार
जुबाँ पे आती नहीं वो बात

***

फर्क नहीं पढ़ता मुझे किसी की बातों का
क्योंकि बेफिक्र हूँ मैं
खुद की मुलाकातों में
अपने आप को बेहतर बनाने में
सफलता की ऊँचाई को पाने में

***

ज़िन्दगी है हसीन इसको

और हसीन बना लिजिये
थोड़ा सा हँस मुस्कुरा लिजिये
मिलते है लोग अलग अलग रिश्तों से
हर रिश्ते को अपना बना लिजिये

***

लोगों की परवाह करना छोड़ दो
अपनी परवाह कर इस जग का मुख मोड़ दो
ज्यादा सोचना छोड़ दो
खुशी को अपनी ज़िंदगी में जोड़ दो

***

जिंदगी के जाल में
मोह बन्दन के भवाल में
खो गया है इंसान अपने ही सवाल मे
लोगों के ख्याल में
दुखी हाल में
बाहरी दुनिया की ताल में
खुद के मलाल में

***

झलक जाते है जब आँसु
सोच के दायरे से
कुछ पुरानी यादों से
गम के पेहमाने से
किस्मत के तराने से
सजा लेता हूँ उस पल को भी
अपने ही फ़साने से
उदासीन रातों से
सुबह के शोर से
छुपा लेता हूँ अपने दर्द को
लोगों से हँस बोल के

उनकी बातों से

***

देना है दर्द मुझे

प्रभु बेहिसाब दे

खुशी का न अब कोई हिसाब दे

हो गई है आदत अब दर्द की

अब न कोई दवा दे

जितना चाहे उतनी मुझे सजा दे

***

तुम्हारी खुशी के लिए तुम्हें छोड़ गए हम

खुद तो रोए पर तुम्हें मुस्कुराता छोड़ गए हम

इस जन्म में तो नहीं

पर अगले जन्म के लिए

तुमसे एक रिश्ता जोड़ गए हम |

***

चाँद जब ज़मी पर उतरता है

मेरे चाँद को देखकर इतराता है

उसकी खूबसूरती को देखकर

अपने दाग को छुपाता है

क्योंकि मेरे चाँद में

उसको दाग नज़र न आता है

***

औरों की तरह नहीं बनना है

शांति से हर हाल निकलना है

क्रोध हमको नहीं करना है

हँसना है मुस्कुराना है

दुखी हमको नहीं होना है

जितना मिला उसमे संतुष्ट रहना है

मेहनत का हाथ थामकर

हर लक्ष्य को पाना है |

***

हम सोचते बहुत हैं

अपने आप को कम समझते बहुत हैं

खुद को पसंद करते कम हैं

विश्वास दुसरो पर करते बहुत हैं

अपना सबको समझते बहुत हैं

फल की इच्छा करते बहुत हैं

उसको पाने के लिए कर्म

करते कम हैं |

***

तुम जो मेरे हुए

तो जीवन का हर पल मुस्कुराने लगा

खो गए थे दुनिया की भीड़ में

कि तुमसे मिलके

हर रास्ता अपना बनने लगा

साथ तुम्हारा हमें खुदा से भी प्यारा लगने लगा

खुशी का एक तराना हमारे जीवन

में भी बनने लगा

***

इस धरती के सबसे

महान व्यक्ति हम है

हम ही अपने भविष्य को संवारेंगे

हम ही अपने भविष्य को बिगड़ेंगे

तो हम लोगों की बातों से क्यों डरें

क्रोध उनपर क्यों करें

हम तो अपने धुन में मस्त रहेंगे

बेफिक्र चुस्त रहेंगे समय चाये जितना लगे

हम अपने लक्ष्य को पाएंगे

न मिले ज्यादा
तो भी थोड़े से में ही खुश हो जाएंगे

***

नकरात्मक सोच ने मुझसे पूछा
आप कैसे हैं ?
हमने कहा हम अच्छे हैं
बड़े स्वस्थ हैं बड़े ही मस्त है
दर्द में भी हँसते हैं
मरहम में भी हँसते हैं
आपकी तरह न गमहीन होते हैं
ना किसी से जलते हैं
अहंकार से दूर ही रहते हैं
विश्वास अपने पे करते हैं
छल कपट न जानते हैं
सबको एक समान मानते हैं

***

दोस्त सच्चा वो है जो
ऊँच नीच से न अकना जाने
जो हर सुख दुख में
तुम्हारा साथ देना जाने
जो सही गलत को तुम्हें समझाना जाने
जो हर समय ज़िन्दगी में
सही रास्ता तुम्हें बतलाना जाने

***

बदल जाते हैं सब वक़्त के साथ
रिश्ते बदल जाते है वक़्त के साथ
सब खेल है मतलब का
जब जिसका मतलब
तब वो उसके साथ

***

इश्क़ है तुमसे तुम्हारी इच्छा से
जाना चाहो चले जाना अपनी इच्छा से
करते है इश्क़ कोई सौदा नहीं
चाहते है तुमको तुम्हारी इच्छा
को नहीं ।

***

दौलत से है प्यार सबको
कीमत अच्छाई कि नहीं है कहीं
है दौलत तो पूछेगी दुनिया
फिक्र किसीकी है
यहाँ किसको

***

आखरी वक़्त में तुझे
मैंने चार ही कंधों पे जाना है
तू अमीर मैं गरीब क्या फर्क पड़ता है
तू खुशी से जिया मैं गम से
सब यहीं रह जाना है
अकेले आए थे
अकेले ही तो जाना है

***

किसी से कुछ नहीं कहना
अपने गम की नुमाहिश नहीं करना
समझता नहीं कोई उड़ाती है मज़ाक
ये दुनिया तुम्हारे गम में खुश होती है दुनिया
लोगों से मिलना तो अपने
गम को छुपा के मिलना
चेहरे पे मुस्कुराहट रख के मिलना

***

मीठा बोल के तुझसे
मतलब निकल गया
अब तुम कौन मैं जानु न
तुमसे मेरा अब काम
निकल गया

***

न वक़्त ने साथ दिया न लोगों ने
न अपनो ने न सपनों ने
साथ दियातो मेरे गम ने
जो हर पल मेरे साथ रहा
ज़िन्दगी भर वफ़ा निभाता रहा

***

काम छोटा हो या बड़ा
काम की इज़्ज़त करनी चाहिए
दो वक़्त की रोटी भी अगर मिले
तो भगवान का धन्यवाद करना चाहिए
दुसरों से तुलना कर के
अपने आप को
दुखी नहीं करना चाहिए
दूसरों से जलना नहीं चाहिए
उनको दिल से अपना बनाना चाहिए

***

रहो कहीं भी पर हमारी यादों में रहोगे
मिले फुरसत तो हमारी गालियों से गुजर जाना
हम उस गली में हर बार मिलेंगे
हमारी दोस्ती के हकदार हर बार
तुम ही रहोगे

***

रिश्ता है वो हसली

जिसमे विश्वास हो
किसी और के कहने
आने से न दरार हो
बल्कि प्यार और मजबूत हो

***

रखना याद एक बात हमेशा
न हर कोई समझ सकता है आपको
न आप समझ सकते हो हर किसी को

***

करेले का कड़वापन जिस तरह से हम
दूर नहीं कर सकते उसी तरह से किसी
इंसान के स्वभाव को हम नहीं बदल सकते

***

जिंदगी बहुत हसीन है
दुख से भरी है
पर खुदा के करीब है
लेता है वो खुदा इम्तियान हमसे
क्योंकि हम उसके अज़ीज़ हैं
उसके दिल के नजदीक

***

ज़िन्दगी तेरी ज़िद है दुख देने कि
मेरी ज़िद है हँसकर उसको सहने कि

***

ज़िन्दगी में सुख दुख की नदी
बहती रहेगी खुशी तो संतुष्टि
से ही मिलेगी

***

जलने वाले जलते रहेंगे
हम आगे बढ़ते रहेंगे

वो जलकर राख हो जाएंगे
हम उस रख से ही उनसे
जीत जाएंगे ।

***

बड़ी मुददत से चाहा तुम्हें
यूँ तुम्हें जाने नहीं देंगे
रखते है दिल मे तुम्हें
खुशी तुम्हारे चेहरे से जाने नहीं देंगे
यूँ आँसूओं की एक बूंद भी
तुम्हारी आँखों से आने नहीं देंगे

***

नज़रों से देखा
तुम दिल में उतर गए
ज़िन्दगी का हर रास्ता
अब हम तुमसे जोड़ गए

***

नफरत है उन लोगों से
जो मुख में मिठास
दिल में जहर रखते है
सामने है अच्छे
पीठ पीछे बुराई करते हैं

***

बन जाते हैं बुरे बिना कुछ करे
क्योंकि कर नहीं पाते वो लोग
चाहते है जो हमसे

***

बदल गए जमाने
बदल गए लोग
हम नहीं बदले

फिर भी बुरे हुए हम
कुछ न कर के भी
गुनाहगार हुए हम

***

तेरी यादों की तस्वीर बना कर बैठे है
न रहा रिश्ता तुमसे
फिर भी तुम्हारी खुशी की
दुआ कर के बैठे हैं

***

बदलते है हालात
तो रिश्ते भी बदल जाते है
देखा है हमने भी अक्सर
अपनो को दर्द देते हुए
गैरों को मर्म लगाते हुए
अपनों को बेगाना बनते हुए
गैरों को अपना बनते हुए

***

अच्छे कर्म करने के बावजूद
लोग करते हैं बुराई आपकी
करो कार्य अपना अच्छा
ध्यान न दो उनपर जो
करते हैं बाते आपकी

***

करोगे कंजूसी या दिखाओगे पैसों का घमंड
रह जाना यहीं सब कुछ
तू क्या चिज़ है
इसको तो सिकंदर अकबर भी
न ले जा सखे अपने संग

***

अच्छे के साथ बुरा होता है
बुरे के साथ अच्छा होता है
ये भगवान ही जाने
कौन कितना सच्चा होता है

***

हो चाहे ज़िन्दगी में कुछ भी
बस मुस्कुराते रहना चाहिए
ज़िन्दगी को खूबसूरत
बनाते रहना चाहिए

***

दिखावा करने वाले बहुत खूब मिलेंगे
बुराई करने वाले हर रोज मिलेंगे
खुद को बदलने वाले बहुत कम मिलेंगे
सच्चे व्यक्ति कभी कभार मिलेंगे
रखना खुद पर हौसला
क्योंकि हौसला तोड़ने वाले
अपने ही मिलेंगे
अजनबी बनने के लिए
हर कोई तैयार मिलेंगे

***

बचपन से बेहजत होते आए हैं
अब इज्जत शब्द से नफरत सी हो गई है
कड़वे शब्द सुनने की हमें आदत सी हो गई है
दिल से नहीं लगाते किसी की बातों को अब हम
क्योंकि जीवन में दुख सहने की
आदत सी हो गई है

***

वक्त ने कहा बदलन किसे कहते हैं
मैंने कहा मैसम से और अपनों से

पूछ के आता हूँ फिर तुम्हें बतलाता

***

बनालो कितने भी मकान दुकान
जाते वक्त तब ही मिलेगा सम्मान
जब कर्म होंगे तेरे महान

***

नहीं होता दिखावा हमसे
हम इससे दूर ही अच्छे
जितना दिया भगवान ने खुशी से दिया
हम उसी में रहते हैं अच्छे

***

सामने करते है मीठा दिखावा हमसे
पीठ पीछे करेले से भी कड़वे हैं
मिलते हैं उनसे भी मुस्कान से
क्योंकि उनमें और हम में
अंतर बडे गहरे हैं ।

***

उलझने बहुत है राहों में
चलता हूँ फिर भी
हर पथ में मजबूत इरादों से
साथ न दे कोई तो
कुछ गम नहीं
क्योंकि साथ छोड़ सकता है कोई
पर ज़िन्दगी नहीं छीन सकता

***

सबको हम अपना बना
नहीं सकते और हर कोई
हमें अपना बना नहीं सकता
मिलो सबसे खुशी से क्योंकि

हम किसी को बदल नहीं सकते
और अपने सुभाव हम किसी
के लिए गन्दा कर नहीं सकते

***

बस एक माँ बाप का रिश्ता ही है
इस जगत में सबसे ऊँचा
बाकी रिश्ते है सब नाम के
जो करते है आपको
याद काम पे

***

उड़ाती है मज़ाक दुनिया
सरल व्यक्ति का
होते हैं सरल व्यक्ति नदियों कि तरह
जो शांति से किसी भी राहों में मुड़ जाती हैं
पर जब पानी का प्रभाव ज्यादा होता है
तो वो ही नदियां बड़ी सी बड़ी चट्टानों
को भी तोड़ देती है |

***

हर दर्द को अपना लिया
किसी से कोई शिखवा नहीं किया
रोना आया तो उसको हाँसी में बदल दिया
समझा नहीं किसी ने हमको
पर हमने सबको अपना
समझ लिया |

***

कर लें कुछ भी हम जमाने के लिए
पर ये जामने के विचार नहीं बदलेंगे
हमारे लिए

***

जब मरना तय है तो मौत से क्यों डरना है
जब कुछ स्थिर नहीं तो किसी के मिलने
और बिछड़ने से क्यों दुखी होना है

***

आता नहीं न कहना

शराफत का झोला पहने है

आ जाते हैं बातों में लोगों कि

इस कदर कि लोग

हमारा फायदा उठाते हैं |

***

देखा तुझको एक नज़र तो

इश्क़ की गलियों से गुज़र गए हम

तेरे दीदार के लिए

तेरे घर के सामने

हर रोज दिखने लगे हम

***

हाँ कह कर गलती कर गए

सबकी बातों को स्वीकार कर गए

न कह कर सब बदल गए

अपनों की गली में हमें बेगाना

कर गए

***

जीवन में हर कोई मजबूर है

कोई दुख तो कोई सुख से दूर है

***

हर कोई अपना भाग्य लेकर आता है
भाग्य को वो ही बदलता है
जो मेहनत से पौधे को वृक्ष बनाता है
जीवन के हर लक्ष्य को पाता है |

***

मेरे हमसफर बस इतना समझ

तेरा गम मेरा हो

और खुशी तेरी हो

***

किसी ने हमको समझा नही

ये उनकी कमी थी

दिल में बसा के रखते हम

ये हमारी फितरत थी |

***

खुश दिल हूँ दुनिया तेरे सामने

वरना ये गम हमें रातों को सोने

भी नहीं देते

***

मेरी मजबूरियाँ किसी ने न देखी

बस सब हमको ताने सुनाते रहे

अपनो के साथ रहकर भी अकेला

हम मेहसूस करते रहे

***

न धन है न संतान है

फिर भी हमारे चेहरे

पे मुस्कान है क्योंकि

कर्म हमारे महान है

***

अपनों की गली में बदनाम हो गए

बिना कुछ करे ही गलतफेमीयों के शिकार हो गए

शीशे की तरह थे रिश्ते जो

एक दरार से ही चकनाचूर हो गए

***

बुढ़ापा आ गया पर बचपना अभी गया नहीं
बिना किसी काम के कोई हमारी गली आता नहीं

***

दो दिन की जिंदगी है
क्या करोगे सोच के
जीलो ज़िन्दगी मौज से

***

ख्वाब की खिड़की खुली
ख्वाब दिखा पर मिला नहीं
प्रयासों से भी धूल साफ किया
पर किस्मत की अच्छी हवा
हमें मिली नहीं

***

ज़िन्दगी है कम
फिर भी आंखें नहीं है नम
खुश रहने में
कंजूसी नहीं करते हम

***

कोई हमको क्या पहचाने
हम तो सबके लिए अनजाने
मतलब की धुन में जो आए
वो ही हमारी अहमियत को जाने

***

क्रोध को शांत
विश्वास को मजबूत करो
तब ही हर रिश्ता टिका रहता है
थोड़ा सा सबको झुकना पड़ता है
तब ही हर रिश्ता बचा रहता है |

***

न धन है न संतान है
फिर भी चेहरे पे मुस्कान है
क्योंकि दूसरों से तुलना
करना न हमारा इमान है

***

जिसकी सोच अच्छी
उसी की मुस्कान सच्ची

***

मुसाफिर हैं जिंदगी के सफ़र में
दुख के रास्तों से गुजरना ही होगा
सुख का अनुभव कम क्यों न हो
फिर भी जिंदगी में मुस्कुराना ही होगा

***

रिश्ता चाईए मजबूत
तो उम्मीद करो हर रिश्ते से दूर
बदलो खुद को
किसी को बदलने
पर मत करो मज़बूर

***

चले गए वो अपने
जिनपर था एतबार
समझा गए वो हमको
जो कहते थे हमें समझदार

***

तेरा वक़्त भी आएगा
जो हँसते है तेरे पे आज
वो कल तेरा इतिहास दोरायेंगे

***

दिखावे की तारीफ करते हैं सब

मतलब हो कोई तो बात करते है सब
उम्मीद करते नहीं किसी से हम किसी
बात की क्योंकि उम्मीद तोड़ते है सब

***

पसंद करते हैं आपको
पर आपको दुख नहीं देंगे
रहें चाहै दुख में कितना
पर हर बार तुमें दुआ ही देंगे

***

पाया क्या जो गवाएँगे हम दुख बहुत है
फिर भी सबको हंसायेंगे हम